COM

SOC

Com sóc?

LA VACA

Montse Ganges
Mercè Canals

Combel
EDITORIAL
www.combeleditorial.com

SÓC UNA VACA.

Sóc una vaca.

QUANTES POTES TINC?

Quantes potes tinc?

DE QUINS COLORS SÓC?

De quins colors sóc?

ELS MEUS COLORS SÓN
EL BLANC, EL NEGRE I EL MARRÓ.

Els meus colors són el blanc,
el negre i el marró.

QUÈ US DONO CADA DIA?

Què us dono cada dia?

LES VAQUES DONEM LLET.

Les vaques donem llet.

QUÈ TINC AL CAP?

Què tinc al cap?

AL CAP, LES VAQUES HI TENIM
DUES BANYES.

Al cap, les vaques hi tenim
dues banyes.

ON SÓC? BUSCA BÉ I EM TROBARÀS:
SÓC UNA VACA AUTÈNTICA.

On sóc? Busca bé i em trobaràs:
sóc una vaca autèntica.

HOLA!

LES VAQUES TENIM QUATRE POTES, PODEM SER BLANQUES, NEGRES O MARRONS, DONEM LLET I AL CAP HI TENIM DUES BANYES.

RED ANGUS

NGUNI

H

NOSALTRES TAMBÉ SOM VAQUES!

EIN

BLACK ANGUS

HEREFORD

SI T'HI FIXES BÉ, SEGUR QUE
EM TORNES A VEURE. FINS AVIAT!

Si t'hi fixes bé, segur
que em tornes a veure. Fins aviat!